Die besten Wander-Lifehacks

moses.

Der Mensch war schon immer ein Wanderer. Zu Fuß hat er große Teile der Welt entdeckt. Und auch wenn es heute kaum noch unbekannte Wege gibt, haben das Wandern, das Zu-Fuß-Gehen oder das Flanieren ihre Faszination nicht verloren. Noch immer gibt es viel zu entdecken, mal im Außen, in einer grandiosen Umgebung oder einer spannenden Stadt, mal in uns selbst. Lasst uns die Wanderschuhe schnüren!

Flanieren vs. Wandern

№ 1

Der wesentliche Unterschied zwischen einer Wanderung und dem Flanieren ist die Dauer. Und das Ziel. Die Flanierenden lassen sich treiben, biegen mal nach rechts, mal nach links, haben kein besonderes Bestreben, außer vielleicht die Umgebung wahrzunehmen und die Gedanken schweifen zu lassen. Aber die Unterscheidung ist nicht wertend gemeint, Spaziergänge sind für uns Menschen ebenso wichtig wie Wandertouren, wir treten in Beziehung mit unserer Umwelt – und mit uns selbst.

Gehen als Meditation

№ 2

Bewusstes Gehen ist ein Zustand, bei dem Geist, Körper und Welt im Einklang sind. Der Wanderer spürt und erlebt seinen Körper, wenn er die Füße Schritt für Schritt auf den Boden setzt, der Rhythmus des Gehens bringt die Gedanken in Bewegung. Aber er erlebt auch die Landschaft, wenn er seine Blicke schweifen lässt und immer wieder Neues entdeckt.

Die Wanderlust

№ 3

Dieser Begriff stammt überraschenderweise aus dem Englischen, aufgekommen ist er zu Beginn des 20. Jahrhunderts. Er steht für den inneren Antrieb, sich die Natur und die Welt zu Fuß zu erschließen. Gerade die Romantiker waren große und leidenschaftliche Wanderer, was sich in der bildenden Kunst und der Literatur niedergeschlagen hat. Heute gibt es eine Renaissance an der Lust am Wandern, vielleicht um die reale Welt wieder mehr in sein Leben zu lassen?

No
4

Eigene Wege finden

№ 4

Einfach losgehen, eigene Wege finden, von Zeit zu Zeit die ausgewiesenen Routen verlassen und die große Kunst pflegen, sich treiben zu lassen. Das Unbekannte zuzulassen, in einer Welt, in der immer alles kontrollierbar und überschaubar sein soll, und damit den Blick zu weiten, auf sich und auf die Umgebung, auch das kann Wandern sein. Und wer weiß, vielleicht entdeckt man dabei auch etwas über sich selbst.

№ 5

Berühmte Wanderer

Nº 5

»Was ich nicht erlernt habe, habe ich erwandert«, sagte Johann Wolfgang von Goethe, der als leidenschaftlicher Wanderer galt. Auch Hermann Hesse, Theodor Heuss, Bruce Chatwin, Elisabeth von Arnim und Hape Kerkeling gehören zur Kategorie berühmte Wanderer, die auch über dieses Thema geschrieben haben. Sie haben selbst lange Wege zurückgelegt, mal meditative, mal kluge, mal unterhaltende oder auch witzige Gedanken entwickelt. Ihre Texte zu lesen kann eine gute Vorbereitung auf eine Wandertour sein – oder du gehst in deiner Vorstellung mit ihnen auf die Reise.

No 6

Berühmte Wege

№ 6

Der »Dolomiten Höhenweg«, der »Pembrokeshire Coast Path« in Wales, der bekannte Jakobsweg, der Pyrenäen-Wanderweg in Frankreich und viele mehr: Es gibt in Deutschland, Europa, aber auch weltweit zahlreiche mehr oder minder abenteuerliche Wanderwege, auf denen man die Zeit vergessen, sich eine Auszeit nehmen oder die Natur genießen kann, wie schon unzählige andere Wanderer vor dir. Der Vorteil dieser Wege ist, dass sie bestens beschrieben sind, man an den Etappenzielen gut übernachten und essen kann. Ideal für Wanderer, die gerne planen!

No
7

Wandern – was ist
das überhaupt?

Nº 7

Gehen, laufen, hiken oder flanieren, die Bandbreite von Begriffen für eine lustvolle Fortbewegung zu Fuß ist groß. Wandern ist »mehrstündiges Gehen in der Landschaft mit entsprechender Planung«, sagt der Deutsche Wanderverband. Früher musste man gehen, um sein Ziel zu erreichen, heute steht die Freiwilligkeit im Vordergrund. Als Erfinder des zweckfreien Wanderns gilt Petrarca, der 1336 den Mont Ventoux bestieg – aus reinem Genuss!

Wie wird das Wetter?

№ 8

Heutzutage gibt es verlässliche Wettervorhersagen oder auch Apps, die dir sagen, ob du besser die Regenjacke einpackst oder deinen Wandertag lieber verschiebst. Allerdings kann auch ein regnerischer Wandertag seinen Reiz haben! Wichtig ist aber, dass du informiert und damit vorbereitet bist und auch den Himmel im Blick hast. Bei schlechtem Wetter solltest du einen Puffer einplanen, bei starker Wolkenbildung kann, gerade in den Bergen, auch eine Verkürzung oder ein Abbruch der Wanderung sinnvoll sein.

No 9

Gibt es den idealen Wandermonat?

№ 9

Wandern kann man im Grunde immer, je nachdem, welches Ziel und welche Tour man im Auge hat. Wenn es in die Berge gehen oder es gar eine mehrtägige Tour werden soll, dann fasst man am besten die wärmeren Monate zwischen April und Oktober ins Auge. Aber Vorsicht – nicht alle Schutz- oder Wanderhütten sind im April schon geöffnet. Daher empfiehlt sich eine gute Planung. Auf den Seiten der Alpenvereine findet man hierzu viele Informationen.

Wo geht's hin?

№ 10

Die ersten Wanderer hatten noch viel Raum für Entdeckungen, heute sind die weißen Flecken auf der Landkarte selten, und vor allem liegen sie nicht vor der eigenen Haustür. Aber kann nicht auch die Erkundung des Bekannten spannend sein? Der Spruch »Der Weg ist das Ziel« gilt auch für das Wandern. Wie wandelt sich die Umgebung mit den Jahreszeiten? Siehst du den Weg plötzlich mit anderen Augen, weil du mit einer veränderten Haltung wanderst? Hat das fast schlafwandlerische Gehen etwas Meditatives? Manchmal ist das Ziel tatsächlich gar nicht so wichtig.

No 11

Ausblicke

№ 11

Eine der schönsten »Wanderbelohnungen« sind die herrlichen Ausblicke, die man von Berggipfeln, Hügeln, Aussichtstürmen oder auch auf einer gemütlichen Bank beim Ausruhen genießen kann. Dabei ist es egal, ob du ein Fernglas zückst und dich kundig machst, welche Gipfel, Flüsse oder Täler du erkennen kannst, oder einfach den Blick über Farben, Formen und die Landschaft schweifen lässt.

Mit allen Sinnen

№ 12

Eine Wanderung ist ein durch und durch sinnliches Erlebnis. Du spürst deinen Körper, den Boden unter dir, die Sonne, den Regen und den Wind auf deiner Haut, lauschst den Geräuschen der Natur, genießt Aus- und Einblicke in die Landschaft. Und wer weiß, vielleicht findest du auch frische Tannenspitzen, die du knabbern kannst? Lade bei deiner nächsten Wanderung all deine Sinne in dein Erleben ein!

Waldbaden

Nº 13

Shinrin Yoku kommt aus Japan und bedeutet »Baden im Wald«. Damit ist das bewusste Eintauchen in den Wald in seiner Ganzheit gemeint – auch das Durchwandern des Waldes kann eine Form des Waldbadens sein. Allein der Anblick der Bäume senkt erwiesenermaßen die Stresshormone, wir können besser durchatmen, unser Wohlbefinden steigt. Und der weiche Boden ist hilfreich bei Gelenk- und Rückenbeschwerden. Eine Waldwanderung kann gerade in anstrengenderen Lebensphasen eine Möglichkeit sein, die Akkus wieder aufzuladen.

No 14

Herrlich erfrischend – Seen

No 14

Kristallklar und eiskalt – Seen sind nicht nur Naturschönheiten, sondern auch herrliche Rastplätze und Etappenziele. Die Füße ins Wasser halten, kleine Holzboote fahren lassen, vielleicht sogar schwimmen oder einfach nur auf die glatte friedliche Oberfläche schauen? Seen erfrischen Körper und Geist und sind in ihrer Farbvielfalt ein Genuss fürs Auge.

No 15

Der Gipfel

№ 15

Das Gipfelkreuz ist erreicht, das Foto geschossen, du hast vielleicht deine Mitwanderer umarmt – und nun? Gibt es eigentlich einen Gipfel-Knigge? Oh ja. Müll hinterlassen, pinkeln oder Unsinn ins Gipfelbuch schreiben sollte man tunlichst unterlassen. Beachte außerdem, dass du dort wahrscheinlich nicht allein bist und der Platz knapp ist. Mach dich beizeiten wieder auf, allerdings nicht, ohne die grandiose Aussicht genossen zu haben!

Pilgern

№ 16

Pilgern ist eine ganz besondere Form des Wanderns. Eine Pilgerwanderung unternimmt, wer seinen Alltag über längere Zeit vergessen, sich besser kennenlernen oder sich auf etwas besinnen möchte. Vielleicht ist es auch ein Weg der Trauerbewältigung oder der Entscheidungsfindung. Es geht beim Pilgern eher ums Gehen als ums Ankommen. Berühmte Pilgerwege sind der Jakobsweg oder der Wiener Wallfahrerweg.

Ambitionierte Ziele

Nº 17

Was im Zusammenhang mit Wandern »ambitioniert« ist, hängt von deiner Erfahrung und deiner Konstitution ab. Aber hier gilt: Ambitionierter hat mit »besser« oder »gesünder« nichts zu tun. Wenn du ein erfahrener Wanderer bist, dann zieht es dich vielleicht ins Gebirge, oder du planst eine mehrtägige Tour. Stehst du erst am Anfang, startest du am besten mit einer mehrstündigen Tour. Und vergiss nicht: Wandern ist kein Leistungssport, bei dem man sich (und anderen) etwas beweisen muss.

Geocaching

№ 18

Einfach nur gehen ist dir zu langweilig? Dann versuche es doch mal mit Geocaching! Das ist eine Art moderne Schatzsuche mit GPS, bei der »Schätze« mit geografischen Koordinaten im Netz veröffentlicht werden, die man dann mithilfe von GPS-Empfängern oder Landkarten suchen muss. Dem Schatz liegt häufig ein Logbuch bei, in dem der Finder seinen Erfolg schriftlich festhalten oder mit einem Foto dokumentieren kann. Auf der ganzen Welt gibt es bereits mehrere Millionen »Cacher«!

No 19

Praktische Apps

№ 19

Es kann durchaus ein Abenteuer sein, das Handy zu Hause zu lassen oder es nur zur Planung zu benutzen, bei längeren Touren ist ein Mobiltelefon aber durchaus sinnvoll. Wichtige Apps für den Wanderer: eine Wetter-App, im Winter eine App zur Lawinenlage und der Hangneigung und eine Notruf-App wie SOS EU ALP, wo dein Standort automatisch per GPS weitergemeldet wird. Wer seine Touren digital dokumentieren möchte, kann auch eine Gipfelbuch-App nutzen. Aber Achtung – Apps können einiges an Akkuleistung schlucken!

Wanderkarten

№ 20

Wanderkarten sind der Orientierungsklassiker. Es gibt sie von verschiedenen Anbietern für die jeweilige Region oder sogar den ausgewählten Wanderweg. Wer einmal die Legende und die Liniensignatur (Was ist ein Wanderweg, eine Forststraße, ein Reitweg?) studiert und verstanden hat, weiß, wo Norden ist und findet sich bestens zurecht, egal, ob bei der Vorbereitung zu Hause oder auf dem Weg. In Gebieten mit schlechter Netzabdeckung sind Karten goldwert ... Außerdem sind zerknitterte Wanderkarten eine schöne Erinnerung an die Tour.

Trocken bleiben!

№ 21

Es gibt kein schlechtes Wetter, es gibt nur falsche Kleidung! Wer diesem Wahlspruch folgt, der sorgt bei seinen Touren für eine gute Ausrüstung gegen Regen und Wind. Dazu gehören wasserfeste Schuhe, eine Schutzhülle für den Rucksack, eine regenfeste Überhose und Regenjacke oder- cape. Damit man darunter nicht ins Schwitzen kommt, ist atmungsaktive Funktionsunterwäsche sehr hilfreich. Wenn es zu sehr schüttet, bietet sich ortsnahes Wandern an – mit einer heißen Dusche danach.

Gut geschützt –
Berghütten

№ 22

Ganz wichtig vorab: nicht spontan auftauchen! Mit einer Reservierung steht auf der Hütte nicht nur ein Bett bereit, man kann auch Hilfe los-schicken, wenn ein Wanderer nicht wie ange-kündigt erscheint. In den Rucksack gehören ein Schlafsack, Oropax, Mückenspray, Mützen und Socken/Hausschuhe und Bargeld. In vielen Hütten kann man nicht mit Karte zahlen. Gut sind auch Drybags, in denen man seine wich-tigsten Hygieneartikel verstauen kann.

Die Muskeln lockern

№ 23

Gönne deinen müden Muskeln nach einem langen Wandertag etwas Gutes! Das kann eine warme Dusche sein, eine Massage, Sauna, aber auch genüssliches Eincremen mit einer Creme auf Kamillen- oder Lavendelbasis ist wohltuend und entspannend. Wenn du es etwas aktiver haben willst, kannst du natürlich auch sanft dehnen, dazu eignen sich beispielsweise Übungen aus dem Yin Yoga.

No
24

Es werde Licht

№ 24

Für den Profi gibt es eine Vielzahl von hilfreicher Wanderausrüstung. Wer gerne früh startet oder auch mal spät heimkehrt, für den ist eine Lampe sinnvoll. Es gibt LED-Lampen, Solarlampen oder Stirnlampen, ganz nach Gusto. Eine einfache improvisierte Lösung ist die »Plastikflaschen-Lampe«: Lege dein Handy mit eingeschalteter Taschenlampe unter eine durchsichtige Flasche – das Licht wird zur Laterne!

No 25

Best Practice – die richtige Technik

Nº 25

Natürlich kann jeder wandern. Aber es sind durchaus Situationen denkbar, bei denen man auf die richtige Technik achten sollte. Auf einseitig abfallenden Wegen im Gebirge wendet man sich zum Beispiel immer der Bergseite zu, auch Wanderstöcke können im unwegsamen Gelände eine Hilfe sein. Anspruchsvolle Wege geht man am besten nicht allein. Liegt Geröll auf dem Weg oder ist der Untergrund rutschig, sollte man besonders konzentriert sein und jeden Schritt achtsam setzen.

Brotbox und Trinkflasche

№ 26

Eine gute Trinkflasche ist wichtig. Achte beim Kauf darauf, dass sie einen weiten Hals hat und sich gut reinigen lässt. Mit 1-2 Päckchen Backpulver, das du in heißem Wasser auflöst und in die Trinkflasche gibst, kannst du sie gut und hygienisch gründlich reinigen. Achtung, nicht verschließen! Genauso bekommst du auch deine Vorratsboxen wieder sauber, in die du deinen Proviant packen kannst. Ratsam sind leichte und umweltfreundliche Materialien!

Der Rucksack

№ 27

Für eine eintägige Wandertour ist ein 20-30 Liter Rucksack durchaus ausreichend. Achte auf gut einstellbare Schultergurte mit entsprechender Polsterung, Schnallen, die sich leicht öffnen und schließen lassen, genügend Außentaschen für Trinkflaschen und Befestigungsmöglichkeiten für Stöcke oder Jacken. Sinnvoll sind auch seitliche Gurte, mit denen man das Volumen des Rucksacks anpassen kann. Dein Rucksack sollte regendicht und am besten aus einem umweltfreundlichen Material sein.

Gut behütet

№ 28

Eine geeignete Kopfbedeckung ist im Sommer wie im Winter wichtig. Im Winter wärmen eine Mütze oder ein Stirnband, im Sommer schützt eine Schildkappe vor der Sonne. Inzwischen gibt es auch Multifunktionstücher, die als Mütze, Halstuch, Sturmhaube, Piratentuch oder Stirnband getragen werden können. Wähle ein Funktionsmaterial, das im Winter wärmt und im Sommer kühlt, Schweiß aufsaugt und rasch trocknet.

No 29

Gute Sicht

№ 29

Selbst wenn der Himmel bewölkt ist – eine Sonnenbrille kann in den Bergen immer sinnvoll sein. Manchmal auch nur, um unangenehme Fliegen abzuhalten oder die Augen bei starkem Wind zu schützen. Am besten wählst du ein möglichst leichtes und bruchsicheres Modell mit gutem Tragekomfort und hochwertigen Gläsern. Bei der riesigen Auswahl an Modellen ist Beratung gefragt! Ein bruchsicheres Etui ist ebenfalls sinnvoll ... und unter Umständen zusätzlich ein Band, an dem du die Brille um den Hals tragen kannst.

No 30

Wandern mit Kindern

№ 30

Nicht alle Kinder finden wandern cool – dabei kann es ein echtes Erlebnis sein! Hier ist gute Planung wichtig, besonders wenn die Kinder kleiner sind, wenn man an Pausen, Proviant, den Kinderwagen und Einkehrmöglichkeiten denken muss. Manchmal ist es vielleicht auch spannend, einfach loszulaufen, womöglich sogar mit einem Kompass, und das Unbekannte zu entdecken. Wurzeln ausgraben, Kräuter essen oder eine Holzflöte bauen – der Fantasie sind keine Grenzen gesetzt.

№ 31

Die Jacke

№ 31

Eine der großen Unbekannten beim Wandern ist das Wetter. Ein Zwiebel-Look ist deshalb immer eine gute Strategie. Eine dünne Regenjacke, eine Funktionsjacke mit Kapuze, eine Fleece-Weste sind vielseitig, leicht und können schnell an-und ausgezogen werden. Wenn du in den Bergen unterwegs bist, kann es angenehm sein, am Gipfel dein T-Shirt zu wechseln. Wichtig ist, dass die Materialien atmungsaktiv, funktional und am besten auch ökologisch unbedenklich sind.

No 32

Die Hose

№ 32

Wandern kannst du auch in einer stinknormalen Jeans. Aber mehr Bewegungsfreiheit und ein leichtes und luftiges Gefühl bieten Outdoorhosen. Sie sollten schnelltrocknend, strapazierfähig und wasserabweisend sein, jede Bewegung mitmachen, Seitentaschen haben und sich womöglich rasch in eine Shorts verwandeln können. Und wenn mal der Reißverschluss klemmt – fahre mit einem Bleistift über die Zähne, Graphit ist ein gutes Schmiermittel! Auch hier gilt: Schaffe dir nicht nur ein langlebiges, sondern auch ein nachhaltig hergestelltes Exemplar an.

Der optimale Schuh

№ 33

Die wichtigste Frage bei der Suche nach dem optimalen Schuh ist: Für welchen Zweck brauche ich ihn? Grundlegend ist zu sagen, dass ein guter Wanderschuh vor allem bequem sein und guten Halt bieten sollte. Ideal sind Stiefel mit einem hohen Schaft und einer leichten bis mittelharten Sohle, robust, rutschfest, gut gedämpft und wasserdicht. Und ganz wichtig: die Schuhe vor einer größeren Wanderung einlaufen, damit sich der Schuh dem Fuß anpassen kann.

No 34

Ausgewiesenen Wanderwegen folgen

№ 34

Viele Vereine und Verbände, wie der Deutsche Alpenverein oder auch lokale Gruppen, kümmern sich um die Pflege und Beschilderung von Wanderwegen, ein riesiges Netz, das dazu einlädt, begangen zu werden. Dazu kann man sich vorab im Internet auf den entsprechenden Seiten, z. B. des Deutschen Alpenvereins, informieren, eine Landkarte mitführen oder sich auf die Beschilderung verlassen. Häufig liefern die Schilder auch Informationen über die Länge, den Schwierigkeitsgrad (zum Beispiel Schwindelfreiheit) und die ungefähre Dauer der Tour. Gerade in unbekannten Gegenden tut man gut daran, sich auf diese Angaben zu verlassen und sich nicht zu überschätzen.

Immer noch nützlich: Karten lesen

№ 35

Klar gibt es heute unzählige Wander- und Kartenapps, die dem Wanderer den Weg beschreiben oder sogar diktieren. Aber nicht immer ist das Netz auf Wanderwegen stabil, manchmal ist das ständige Aufs-Handy-Schauen nervig oder das Ziel ist, es ganz zu Hause zu lassen! Dann gilt es, eine Wanderkarte lesen zu können. Mit einem Kompass kann man sich nach Norden ausrichten, gute Orientierungspunkte sind Flüsse, Berge oder Seen. Auch die Höhenmeter hat man mit einer Karte immer im Blick.

Sich verlaufen

Nº 36

Sich zu verlaufen kann romantisch sein ... oder auch nicht! Gerade mit Kindern oder auf mehrtägigen Touren sind Extrakilometer häufig sehr anstrengend. Deshalb ist es günstig, immer möglichst leckere Notfallverpflegung aus dem Rucksack zaubern und altersgerechte Spiele improvisieren zu können – und vor allem nicht die Nerven zu verlieren. Auch hier ist eine Karte hilfreich: Wie sieht der Plan B aus? Lohnt es sich, zurückzugehen? Gibt es einen anderen Weg? Kann man im Notfall mit öffentlichen Verkehrsmitteln fahren? Oder ganz umplanen. In einem solchen Fall sind Kreativität und Flexibilität gefragt.

Die Profis –
Wandervereine

Nº 37

Der Deutsche Alpenverein ist das größte deutsche Netzwerk in Sachen Wandern und Bergsteigen. Es gibt ihn seit mehr als 150 Jahren, und seine Aufgabengebiete sind ausgesprochen vielfältig. Wer eine Hütte, eine Route, aber auch Tipps zum Verhalten auf den Wegen oder Infos in Sachen Nachhaltigkeit und Umweltschutz sucht, ist auf der Webpräsenz des DAV genau richtig. Es gibt sogar Gesundheitstipps! Schau doch mal, ob es auch in deiner Stadt eine Sektion des DAV oder einen anderen Wanderverein gibt. Gerade als Einsteiger kann Wandern in der Gruppe sinnvoll sein.

Ich will's wissen –
mehrtägige Wanderungen

№ 38

Mehrtagestouren sind etwas für routinierte Wanderer. Einsteiger sollten am besten eine bereits bekannte und erprobte Route wählen, auf die man sich gut vorbereiten kann – also nicht gleich in den Anden beginnen! Günstig wäre es auch, eine Route zu nehmen, die man mit öffentlichen Verkehrsmitteln erreichen kann und bei der man nicht wieder zum Ausgangspunkt zurückmuss. Kläre vorher die Hüttenübernachtungen ab, packe sparsam, aber sinnvoll – Stichwort »Zwiebelprinzip« –, und vermeide Müll.

No 39

Gut versorgt: Proviant

№ 39

Als Erstes solltest du vor deiner Tour gut und ausgewogen gefrühstückt haben, zum Beispiel ein frisch zubereitetes Müsli oder Vollkornbrot. Wichtig ist es, ausreichend Flüssigkeit dabeizuhaben, Wasser, leicht gesüßten Tee oder Apfelsaftschorle sind gut geeignet. Packe zum Essen unbedingt Energielieferanten ein: Getrocknetes Obst, Nüsse, belegte Brote oder Müsli- oder Fruchtriegel gehören auf jeden Fall in den Rucksack. Merke: Lieber ein wenig mehr mitnehmen, und lecker muss es sein! Hunger und liebloses Essen sorgen für schlechte Laune.

Dokumentation –
das Wandertagebuch

№ 40

Wie wäre es, wenn du dein Wandertagebuch selbst gestaltest, Seilbahnkarten einklebst, Routen nachzeichnest, Fotos hinzufügst und natürlich deine Erlebnisse beschreibst. Beginne am besten mit den Fakten, damit du die Tour beim zweiten Mal vielleicht mit noch mehr Genuss gehst. Welche Hütte war am schönsten? Wo solltest du mehr Zeit einplanen? Was kannst du dir sparen? Ein Wandertagebuch nimmst du immer wieder gern zur Hand, um in Erinnerungen zu schwelgen, zu planen – oder zu träumen.

Was nehme ich mit?

№ 41

Auch wenn es »nur« eine Tagestour ist, leicht packen ist das A und O. Dabei sollte das Gewicht gut verteilt sein: 70 % gehören auf die Hüfte und nicht auf die Schulter! Schwere Gegenstände sollten in Richtung Rücken gepackt werden. Neben Proviant, Kleidung, Sonnen- und Mückenschutz im Sommer, Regenschutz, Mülltüte und einer kleinen Apotheke, der Wanderkarte und den für dich persönlich wichtigen Gegenständen solltest du Ersatzschnürsenkel, Pflaster und einen Notfallenergieriegel dabeihaben.

Vielsagende Wolken

№ 42

Es gibt heute unzählige Wetterapps und durchaus verlässliche Wettervorhersagen. Trotzdem kann es sinnvoll sein, den Himmel zu beobachten, um sich die Wolken anzusehen: Bei Haufenwolken z. B. sind die Witterungsverhältnisse stabil, auch Morgennebel deutet auf einen stabilen Luftdruck hin. Und schwarze, rasch näherkommende Wolkenmassen sprechen für sich ... Wirf doch mal einen Blick in einen Wolkenatlas!

Was pfeift denn da?

№ 43

Auf deinen Wanderungen werden dir sicher zahlreiche Tiere begegnen, vor allem wirst du Vogelstimmen hören. Hand aufs Herz: Welche erkennst du? Um diese Wissenslücke zu schließen, gibt es heute Apps, mit denen man Vogelstimmen bestimmen kann. Aber auch ein Bestimmungsbuch mit Beschreibungen kann Spaß machen, besonders wenn Kinder dabei sind und man gemeinsam Ausschau nach den Vögeln hält. Gerade in den Bergen ist die Vielfalt größer als gedacht.

No
44

Was blüht denn da?

№ 44

Am Wegesrand lassen sich ungeahnte Entdeckungen machen. Essbare Blüten und Kräuter, geschützte Wildblumen, unbekannte Sträucher – um sich einen Überblick zu verschaffen, kann man zum Beispiel auf »Flora Incognita«, die Pflanzenbestimmungsapp der Bundesregierung zurückgreifen, aber auch auf ein gutes altes Bestimmungsbuch.

Gutes für die Füße

Nº 45

Beim Wandern kommt es vor allem auf die Füße an! Sie sind dein Wegbegleiter, und deshalb sollten sie gut gepflegt werden. Trage beim Laufen perfekt sitzende Socken, und creme deine Füße nach dem Wandertag gut ein, auch eine kleine Massage kann Wunder wirken, besonders, wenn du mehrere Tage unterwegs bist. Natürlich kannst du dir die Fußmassage auch am nächsten Morgen noch einmal gönnen!

Hoch in die Lüfte – Seilbahnen

Nº 46

Viele Berggipfel sind heute mit Seilbahnen oder Zahnradbahnen zu erreichen, eine technische Errungenschaft vor allem des letzten Jahrhunderts. Eine Fahrt in der Gondel kann dem Wanderer eine sensationelle Aussicht bieten, aber auch Angst machen. Respekt vor einer Gondelfahrt ist nichts Ehrenrühriges. Übrigens: Bergab laufen ist nicht zwangsläufig weniger anstrengend und belastend für den Körper als bergauf …

Nicht vergessen:
Sonnenschutz & Co.

№ 47

Zum »Co.« gehören vor allem Zecken- und Mückenschutz, der beim Wandern nicht vernachlässigt werden sollte, vor allem, wenn du in einem zeckenreichen Gebiet unterwegs bist. Ein gutes Hausmittel gegen Zecken: Kokosöl. Ein Muss ist zudem ein lange anhaltender Sonnenschutz, der resistent gegen Schweiß ist, du solltest außerdem keine fettigen Hände oder tränenden Augen davon bekommen. Denk daran, dass du auch eine Kopfbedeckung trägst und Pausen im Schatten machst.

Nicht vergessen:
Pausen

№ 48

Manch eine Tour hat es richtig in sich. Aber Sich-Verausgaben und Selbstüberschätzung können unangenehme Nebenwirkungen haben, zum Beispiel bleischwere Beine oder Wadenkrämpfe. Achte darauf, regelmäßige Pausen in deine Wanderung einzubauen, die Füße vielleicht in einen Bergbach zu halten, die Aussicht zu genießen und dabei tief durchzuatmen und genug zu trinken und zu essen. Wandern soll kein Leistungssport sein, sondern Genuss.

Die Sache mit dem Müll …

№ 49

Eine Mülltüte im Rucksack ist Pflicht. Darin kannst du deinen Abfall verstauen, sie aber notfalls auch als Regenschutz verwenden. Benutze am besten Mehrwegverpackungen wie Trinkflaschen oder Brotboxen, und verursache erst gar keinen Müll. Zigarettenkippen gehören auf keinen Fall in den Wald, Bananenschalen brauchen bis zu drei Jahre, um zu verrotten, ein Papiertaschentuch sogar bis zu fünf Jahre!

Hier scheiden sich die Geister: Wanderstöcke?

№ 50

Einfach ausprobieren! In unwegsamem Gelände oder beim Bergab- und Bergauflaufen können sie durchaus hilfreich sein. Am besten eignen sich auf die Körpergröße einstellbare Teleskopstöcke mit rutschfesten Griffen und Schlaufen. Auch auf die Technik kommt es an! Die Stöcke sollten nah am Körper geführt werden. Und wenn man sie nicht mehr braucht, können sie einfach im Rucksack verstaut werden.

Die Autorin

Ingrid Ickler ist leidenschaftliche Yogalehrerin und -schülerin, Autorin und Literaturübersetzerin.
Wenn das Fernweh sie packt, sind »ihre« Themen Achtsamkeit und Entschleunigung immer mit dabei. Sie liebt es, ihre Erfahrungen weiterzugeben und andere zu inspirieren – undogmatisch, kreativ und bunt.
Hier kannst du mehr über Ingrid erfahren: ingridickler.de

Impressum

Die Ratschläge in diesem Kartenset sind von der Autorin und vom Verlag sorgfältig erwogen und geprüft worden. Dennoch kann eine Garantie nicht übernommen werden. Eine Haftung des Verlags für Personen-, Sach- und Vermögensschäden ist ausgeschlossen.

Arnoldstraße 13d
47906 Kempen
Fon 02152-209850
Fax 02152-209860
info@moses-verlag.de
www.moses-verlag.de
ISBN 978-3-96455-249-5

Text: Ingrid Ickler
Gestaltung: Stephanie Dünhölter
Lektorat: Anna Hahn
Redaktion: Tanja Mues
Illustrationen: © Sloth Astronaut / Shutterstock

Printed in China.